देवी कवचम्

दुर्गा कवच हिंदी अर्थ सहित

चित्रांकन: सुजाता साहा

प्रकाशक: डिवाइनभारत

ISBN : 978-93-5779-607-1
चित्रांकन: सुजाता साहा
प्रकाशक: डिवाइनभारत
www.divinebharat.co

भूमिका

देवी कवचम् (जिसे दुर्गा कवच भी कहा जाता है) एक अत्यंत पूजनीय रक्षात्मक स्तोत्र है, जो मार्कण्डेय पुराण से लिया गया है। यह दुर्गा सप्तशती (जिसे प्रचलित रूप से चंडी पाठ या देवी माहात्म्य कहा जाता है) का एक महत्वपूर्ण प्रारंभिक अंग है। पारंपरिक पाठ-क्रम में यह साधक को सप्तशती के सात सौ श्लोकों की गहन आध्यात्मिक यात्रा के लिए तैयार करने वाला पवित्र आवाहन माना जाता है।

शास्त्र में इस कवच का वर्णन भगवान ब्रह्मा द्वारा महर्षि मार्कण्डेय को किया गया है, और स्वयं पुराण की रचना परंपरागत रूप से महर्षि वेदव्यास को समर्पित मानी जाती है। यह परंपरा इसके शास्त्रीय और भक्तिपरक महत्व को दर्शाती है।

"कवच" शब्द का अर्थ है "कवच" या "आवरण।" अपने नाम के अनुरूप यह स्तोत्र एक आध्यात्मिक सुरक्षा-कवच के रूप में माना जाता है, जो साधक को दिव्य संरक्षण से आच्छादित करता है। इसके श्लोकों में देवी के विविध स्वरूपों का आवाहन किया गया है—विशेष रूप से नवदुर्गा के रूप में प्रसिद्ध नौ दिव्य शक्तियों का। प्रत्येक स्वरूप साधक के अस्तित्व के विभिन्न अंगों और चेतना की रक्षा से संबद्ध माना गया है, जो प्रतीकात्मक रूप से देह और मन को दिव्य ऊर्जा से आवृत करता है। इस प्रकार यह स्तोत्र साधक को मूल प्रकृति, समस्त सृष्टि की आदि शक्ति, दिव्य मातृ-तत्त्व से जोड़ता है।

परंपरागत रूप से दुर्गा सप्तशती के मुख्य पाठ से पूर्व देवी कवच का पाठ किया जाता है। इसके पश्चात अर्गला स्तोत्र और कीलक स्तोत्र का

पाठ होता है, जिससे एक पूर्ण आध्यात्मिक अनुशासन की रचना होती है। यह क्रम मन को शुद्ध करने, वातावरण को पवित्र बनाने और साधक को देवी की कृपा के अनुरूप करने का माध्यम माना गया है। भक्तों का विश्वास है कि नियमित जप से साहस, स्पष्टता और आंतरिक दृढ़ता का विकास होता है, तथा भय, बाधाओं और प्रतिकूल प्रभावों का निवारण होता है।

दुर्गा कवच को प्रायः दुर्गा सप्तशती का "बीज" कहा जाता है—जो संपूर्ण पाठ के लिए रक्षात्मक और आध्यात्मिक आधार स्थापित करता है। इसके श्लोकों की संख्या विभिन्न पाठ-भेदों के अनुसार लगभग सैंतालीस से इकसठ तक मानी जाती है। यह स्तोत्र सदियों से श्रद्धापूर्वक पाठ किया जाता रहा है, विशेषकर नवरात्रि जैसे पावन अवसरों पर।

यह पुस्तक दुर्गा कवच को प्रस्तुत करती है, जिसमें प्रत्येक श्लोक के साथ उसका यथार्थ हिंदी अर्थ भी दिया गया है, जिससे पाठक समझ और भक्ति—दोनों का अनुभव कर सकें। इसका उद्देश्य इस दिव्य स्तोत्र को दैनिक पाठ और मनन के लिए सरल तथा सुलभ बनाना है।
नियमित पाठ श्रद्धा को दृढ़ करता है, आंतरिक संकल्प को सुदृढ़ बनाता है और दिव्य संरक्षण के प्रति जागरूकता को गहन करता है—यही दुर्गा कवच की शाश्वत महिमा है।

देवी कवचम्

।। ॐ अस्य श्रीचण्डीकवचस्य ब्रह्मा ऋषिः, अनुष्टुप् छन्दः, चामुण्डा देवता, अङ्गन्यासोक्तमातरः बीजम्, दिग्बन्धदेवताः तत्त्वम्, श्रीजगदम्बाप्रीत्यर्थं सप्तशतीपाठाङ्गत्वेन विनियोगः ।।

इस श्री चण्डी कवच मंत्र के ऋषि ब्रह्मा हैं। इसका छन्द अनुष्टुप् है। इसकी देवता माँ चामुण्डा हैं। अंगन्यास में वर्णित मातृशक्तियाँ इसका बीज हैं। दिग्बन्ध (दिशाओं की रक्षा करने वाले) देवता इसका तत्त्व हैं।

ॐ नमश्चण्डिकायै।

।। मार्कण्डेय उवाच ।।

ॐ यद्गुह्यं परमं लोके सर्वरक्षाकरं नृणांम्।
यन्न कस्यचिदाख्यातं तन्मे ब्रूहि पितामह ॥ 1 ॥

मार्कण्डेय बोले –

हे पितामह! इस संसार में जो अत्यंत गोपनीय है, जो मनुष्यों की सभी प्रकार से रक्षा करने वाला है, और जिसे किसी से भी प्रकट नहीं किया गया है– उस रहस्य को आप कृपा करके मुझे बताइए।

।। ब्रम्होवाच ।।

अस्ति गुह्यतमं विप्र सर्वभूतोपकारकम |
देव्यास्तु कवचं पुण्यं तच्छृणुष्व महामुने || 2 ||

ब्रह्मा बोले —
हे विप्र! एक अत्यंत गोपनीय साधन है,
जो समस्त प्राणियों का उपकार करने वाला है।
वह देवी का पवित्र कवच है—
हे महामुने! उसे ध्यानपूर्वक श्रवण करो।।

प्रथमं शैलपुत्री च द्वितीयं ब्रम्ह्चारणी |
तृतीयं चन्द्रघण्टेति कूष्मांडेति चतुर्थकम || 3 ||

प्रथम शैलपुत्री, द्वितीय ब्रह्मचारिणी,
तृतीय चन्द्रघण्टा, चतुर्थ कूष्मांडा।

पंचमं स्कन्दमातेति षष्ठं कात्यायनीति च |
सप्तमम् कालरात्रीति महागौरीति चाष्टमम् || 4 ||

पंचम स्कन्दमाता, षष्ठ कात्यायनी,
सप्तम कालरात्रि, अष्टम महागौरी।

नवमम् सिद्धिदात्री च नवदुर्गाः प्रकीर्तिताः |
उक्तान्येतानि नामानि ब्रम्हणैव महात्मना || 5 ||

नवम सिद्धिदात्री; इन नौ देवियों को नवदुर्गा कहा गया है।ये सभी नाम स्वयं महात्मा ब्रह्मा द्वारा कहे गए है |

अग्निना दह्यमानस्तु शत्रुमध्ये गतो रणे |
विषमे दुर्गमे चैव भयार्ताः शरणं गताः || 6 ||

जो व्यक्ति अग्नि से दग्ध हो रहा हो, या युद्ध में शत्रुओं से घिर गया हो, या किसी कठिन और दुर्गम परिस्थिति में फँस गया हो, या भय से व्याकुल होकर शरण में आया हो।

न तेषां जायते किंचिदशुभं रणसंकटे |
नापदं तस्य पश्यामि शोकदुःखभयं न हि || 7||

ऐसे लोगों के लिए युद्ध-संकट में भी कोई अशुभ घटना उत्पन्न नहीं होती। मैं उनके लिए किसी प्रकार की आपदा नहीं देखता— न शोक रहता है, न दुःख और न ही भय।

यैस्तु भक्त्या स्मृता नूनं तेषां वृद्धिः प्रजायते |
ये त्वां स्मरन्ति देवेशि रक्षसे तान्न संशयः || 8 ||

जो लोग भक्ति के साथ निश्चयपूर्वक देवी का स्मरण करते हैं, उनकी उन्नति अवश्य होती है। हे देवेशी! जो तुम्हें स्मरण करते हैं, तुम उनकी रक्षा करती हो— इसमें कोई संदेह नहीं है।

प्रेतसंस्था तु चामुण्डा वाराही महिषासना |
ऐन्द्री गजसमारुढा वैष्णवी गरुणासना || 9 ||

प्रेत पर आरुढ़ चामुण्डा, भैंसे पर विराजमान वाराही, हाथी पर आरुढ़ ऐन्द्री, गरुड़ पर स्थित वैष्णवी।

माहेश्वरी वृषारूढा कौमारी शिखिवाहना।
लक्ष्मीः पद्मासना देवी पद्महस्ता हरिप्रिया || 10 ||

वृषभ पर आरूढ़ माहेश्वरी, मोर पर सवार कौमारी, कमल पर विराजमान लक्ष्मी देवी, जिनके हाथों में कमल है और जो हरि की प्रिया है।

श्वेतरूपधरा देवी ईश्वरी वृषवाहना।
ब्राम्ही हंससमारूढा सर्वाभरणभूषिता || 11 ||

श्वेत रूप धारण करने वाली ईश्वरी, वृषभ पर आरूढ़ ब्राम्ही, हंस पर विराजमान, सभी प्रकार के आभूषणों से सुशोभित।

इत्येता मातरः सर्वाः सर्वयोगसमन्विताः।
नानाभरण शोभाया नानारत्नोपशोभिताः || 12 ||

इस प्रकार ये सभी मातर शक्तियाँ, सभी योगों से युक्त हैं। वे नाना प्रकार के आभूषणों की शोभा से और विविध रत्नों से अलंकृत हैं।

दृश्यन्ते रथमारुढा देव्यः क्रोधसमाकुलाः |
शङ्खं चक्रं गदां शक्तिं हलं च मुसलायुधम्||13 ||

ये देवियाँ रथों पर आरुढ़ दिखाई देती हैं, क्रोध से पूर्ण होकर युद्ध के लिए उद्यत रहती हैं। उनके हाथों में शंख, चक्र, गदा, शक्ति, हल और मुसल जैसे आयुध हैं।

खेटकं तोमरं चैव परशुं पाशमेव च |
कुन्तायुधं त्रिशूलं च शार्ङ्गमायुधमुत्तमम् || 14 ||

इसके अतिरिक्त उनके पास ढाल (खेटक), तोमर, परशु, पाश, कुंत, त्रिशूल तथा श्रेष्ठ धनुष (शार्ङ्ग) जैसे उत्तम अस्त्र-शस्त्र भी हैं।

दैत्यानां देहनाशाय भक्तानामभयाय च |
धारयन्त्यायुधानीत्यं देवानां च हिताय वै || 15 ||

दैत्यों के शरीर के विनाश के लिए और भक्तों को अभय प्रदान करने के लिए, साथ ही देवताओं के कल्याण के लिए, वे देवियाँ सदा अपने आयुध धारण करती हैं।

नमस्तेऽस्तु महारौद्रे महाघोरपराक्रमे |
महाबले महोत्साहे महाभयविनाशिनि || 16 ||

हे अत्यंत रौद्र स्वरूप वाली देवी! हे महान घोर पराक्रम से युक्त देवी! हे महाबलशालिनी, महान उत्साह से परिपूर्ण, और समस्त महान भय का नाश करने वाली देवी! आपको बार-बार नमस्कार है।

त्राहि मां देवि दुष्प्रेक्ष्ये शत्रूणां भयवर्धिनि |
प्राच्यां रक्षतु मामैन्द्री आग्नेय्यामग्निदेवता || 17 ||

हे देवी! शत्रुओं के लिए भय उत्पन्न करने वाली, अत्यंत दुष्प्रेक्ष्य (भयानक रूप वाली) देवी! मेरी रक्षा कीजिए। पूर्व दिशा में ऐन्द्री मेरी रक्षा करें और अग्निकोण में अग्निदेवता मेरी रक्षा करें।

दक्षिणेऽवतु वाराही नैऋत्यां खड्गधारिणी।
प्रतीच्यां वारुणी रक्षेद् वायव्यां मृगवाहिनी ॥ 18 ॥

दक्षिण दिशा में वाराही देवी मेरी रक्षा करें। नैऋत्य दिशा में खड्ग (तलवार) धारण करने वाली देवी मेरी रक्षा करें। पश्चिम दिशा में वारुणी देवी मेरी रक्षा करें और वायव्य (उत्तर-पश्चिम) दिशा में मृगवाहिनी देवी मेरी रक्षा करें।

उदीच्यां पातु कौमारी ऐशान्यां शूलधारिणी।
उर्ध्वम ब्रम्हाणि मे रक्षेदधस्ताद वैष्णवी तथा॥19॥

उत्तर दिशा में कौमारी देवी मेरी रक्षा करें। ईशान कोण में शूल धारण करने वाली देवी मेरी रक्षा करें।ऊपर की

ओर ब्रह्माणी देवी मेरी रक्षा करें और नीचे की ओर वैष्णवी देवी मेरी रक्षा करें।

एवं दश दिशो रक्षेच्चामुण्डा शववाहना।
जया मे चाग्रतः पातु विजया पातु पृष्ठतः ॥ 20 ॥

इस प्रकार दसों दिशाओं में शव पर आरूढ़ चामुण्डा देवी मेरी रक्षा करें। मेरे आगे की ओर जया देवी रक्षा करें और मेरे पीछे की ओर विजया देवी रक्षा करें।

अजिता वामपार्श्वे तु दक्षिणे चापराजिता।
शिखामुद्योतिनी रक्षेदुमा मूर्ध्नि व्यवस्थिता ॥ 21 ॥

अजिता मेरी बाईं ओर की रक्षा करें और अपराजिता मेरी दाईं ओर की रक्षा करें। उद्योतिनी मेरी शिखा (चोटी) की रक्षा करें, और मस्तक पर विराजमान उमा मेरी रक्षा करें। ।

मालाधरी ललाटे च भ्रुवौ रक्षेद् यशस्विनी |
त्रिनेत्रा च भ्रुवोर्मध्ये यमघण्टा च नासिके || 22 ||

माला धारण करने वाली देवी, मेरे ललाट (माथे) की रक्षा करें। मेरी भौंहों की रक्षा यशस्विनी देवी करें। भौंहों के मध्य त्रिनेत्रा देवी स्थित होकर रक्षा करें और नासिका (नाक) की रक्षा यमघण्टा देवी करें।

शंखिनी चक्षुषोर्मध्ये श्रोत्रयोर्द्वारवासिनी |
कपोलौ कालिका रक्षेत्कर्णमूले तु शांकरी || 23 ||

आँखों के मध्य शंखिनी देवी मेरी रक्षा करें। कानों के द्वार पर स्थित द्वारवासिनी देवी मेरी रक्षा करें। गालों (कपोलों) की रक्षा कालिका देवी करें और कानों की जड़ों (कर्णमूल) की रक्षा शांकरी देवी करें।

नासिकायां सुगन्धा च उत्तरोष्ठे च चर्चिका |
अधरे चामृतकला जिह्वायां च सरस्वती || 24 ||

नासिका में सुगन्धा देवी मेरी रक्षा करें। ऊपरी होंठ की रक्षा चर्चिका देवी करें। निचले होंठ की रक्षा अमृतकला देवी करें और जिह्वा (जीभ) की रक्षा सरस्वती देवी करें।

दन्तान् रक्षतु कौमारी कण्ठमध्ये तु चण्डिका।
घण्टिकां चित्रघण्टा च महामाया च तालुके॥ 25 ॥

दाँतों की रक्षा कौमारी देवी करें। कंठ के मध्य चण्डिका देवी मेरी रक्षा करें। कंठ की घंटिका (स्वर-स्थान) की रक्षा चित्रघण्टा देवी करें और तालु (तालव्य भाग) की रक्षा महामाया देवी करें।

कामाक्षी चिबुकं रक्षेद् वाचं मे सर्वमंगला ।
ग्रीवायां भद्रकाली च पृष्ठवंशे धनुर्धरी ।। 26 ।।

ठोड़ी (चिबुक) की रक्षा कामाक्षी देवी करें। मेरी वाणी की रक्षा सर्वमंगला देवी करें। ग्रीवा (गर्दन) की रक्षा

भद्रकाली देवी करें और रीढ़ (पृष्ठवंश) की रक्षा धनुर्धरिणी देवी करें।

नीलग्रीवा बहिःकण्ठे नलिकां नलकूबरी ।।
स्कन्धयोः खड्गिनी रक्षेद् बाहू मे वज्रधारिणी।27।

बाह्य कंठ (गले के बाहरी भाग) की रक्षा नीलग्रीवा देवी करें। नलिका (श्वास-नली) की रक्षा नलकूबरी देवी करें। कंधों की रक्षा खड्गिनी देवी करें और मेरी भुजाओं की रक्षा वज्रधारिणी देवी करें।

हस्तयोर्दण्डिनी रक्षेदम्बिका चांगुलीषु च ।।
नखाञ्छूलेश्वरी रक्षेत्कुक्षौ रक्षेत्कुलेश्वरी।।28 ।।

हाथों की रक्षा दण्डिनी देवी करें और उँगलियों की रक्षा अम्बिका देवी करें। नखों की रक्षा शूलेश्वरी देवी करें और उदर (कुक्षि) की रक्षा कुलेश्वरी देवी करें।

स्तनौ रक्षेन्महादेवी मनः शोकविनाशिनी ।
हृदये ललिता देवी उदरे शूलधारिणी ।। 29 ।।

स्तनों की रक्षा महादेवी करें। मन की रक्षा शोकविनाशिनी देवी करें। हृदय की रक्षा ललिता देवी करें और उदर (पेट) की रक्षा शूलधारिणी देवी करें।

नाभौ च कामिनी रक्षेद् गुह्यं गुह्येश्वरी तथा ।
पूतना कामिका मेढ्रं गुदे महिषवाहिनी ।।30 ।।

नाभि की रक्षा कामिनी देवी करें। गुप्त अंगों की रक्षा गुह्येश्वरी देवी करें। मेढ्र (जननेंद्रिय) की रक्षा पूतना-कामिका देवी करें और गुदा(मलद्वार) की रक्षा महिषवाहिनी देवी करें।

कट्यां भगवती रक्षेज्जानुनी विन्ध्यवासिनी ।
जंघे महाबला रक्षेद् सर्वकामप्रदायिनी ।।31।।

कटि (कमर) की रक्षा भगवती देवी करें। घुटनों की रक्षा विन्ध्यवासिनी देवी करें। जाँघों (जंघा) की रक्षा महाबला देवी करें, जो समस्त कामनाओं को प्रदान करने वाली हैं।

गुल्फयोर्नारसिंही च पादपृष्ठे तु तैजस ।
पादांगुलीषु श्री रक्षेत्पादास्तलवासिनी ।। 32।।

टखनों (गुल्फ) की रक्षा नारसिंही देवी करें। पैरों के ऊपरी भाग (पादपृष्ठ) की रक्षा तैजसी देवी करें। पैरों की उँगलियों की रक्षा श्री देवी करें और पैरों के तलवों की रक्षा तलवासिनी देवी करें।

नखान् दंष्ट्राकराली च केशांश्चैवोर्ध्वकेशिनी।
रोमकूपेषु कौबेरी त्वचं वागीश्वरी तथा ।। 33।।

नखों की रक्षा दंष्ट्राकराली देवी करें। केशों की रक्षा ऊर्ध्वकेशिनी देवी करें। रोमकूपों (रोमछिद्रों) की रक्षा कौबेरी देवी करें और त्वचा (चर्म) की रक्षा वागीश्वरी देवी करें।

रक्तमज्जावसामांसान्यस्थिमेदांसि पार्वती ।
अन्त्राणि कालरात्रिश्च पित्तं च मुकुटेक्ष्वरी ।।34।।

रक्त, मज्जा, वसा (चर्बी), मांस, अस्थि और मेद—इन सभी की रक्षा पार्वती देवी करें। आँतों (अन्त्रों) की रक्षा कालरात्रि देवी करें और पित्त की रक्षा मुकुटेक्ष्वरी देवी करें।

पद्मावती पद्मकोशे कफे चूडामणिस्तथा ।।
ज्वालामुखी नखज्वालामभेद्या सर्वसंधिषु ।। 35 ।।

हृदय-कमल (पद्मकोश) की रक्षा पद्मावती देवी करें। कफ की रक्षा चूडामणि देवी करें। नखों की ज्वाला रुपिणी ज्वालामुखी देवी और समस्त संधियों (जोड़ों) की रक्षा अभेद्या देवी करें।

शुक्रं ब्रह्माणि मे रक्षेच्छायां छत्रेश्र्वरी तथा ।
अहंकार मनो बुद्धिं रक्षन्मे धर्मधारिणि ।। 36 ।।

मेरे शुक्र की रक्षा ब्रह्माणी देवी करें। मेरी छाया की रक्षा छत्रेश्वरी देवी करें। मेरे अहंकार, मन और बुद्धि की रक्षा, हे धर्मधारिणी देवी, आप करें।

प्राणापानौ तथा व्यानमुदानं च समानकम् ।
वज्रहस्ता च मे रक्षेत्प्राणं कल्याणशोभना ।।37।

प्राण, अपान, व्यान, उदान और समान—इन पाँचों वायुओं की रक्षा करें। मेरे प्राणों की रक्षा वज्रहस्ता तथा कल्याणशोभना देवी करें।

रसे रूपे च गन्धे च शब्दे स्पर्शे च योगिनी ।
सत्त्वं रजस्तमश्चैव रक्षेन्नारायणी सदा।।38।।

देवी योगिनी मेरी पाँचों इन्द्रियों (स्वाद, रूप, गन्ध, शब्द और स्पर्श) की रक्षा करें, और नारायणी मेरे भीतर स्थित तीनों गुणों — सत्त्व, रज और तम — की सदैव रक्षा करें।

आयू रक्षतु वाराही धर्मं रक्षतु वैष्णवी ।
यशः कीर्तिं च लक्ष्मीं च धनं विद्यां च चक्रिणी।। 39।।

आयु की रक्षा वाराही देवी करें। धर्म की रक्षा वैष्णवी देवी करें। यश, कीर्ति, लक्ष्मी, धन और विद्या की रक्षा चक्रिणी देवी करें।

गोत्रमिन्द्राणि मे रक्षेत्पशून्मे रक्ष चण्डिके ।
पुत्रान् रक्षेन्महालक्ष्मीर्भार्यां रक्षतु भैरवी ।। 40 ।।

मेरे गोत्र की रक्षा इन्द्राणी देवी करें। मेरे पशुओं की रक्षा चण्डिका देवी करें। मेरे पुत्रों की रक्षा महालक्ष्मी देवी करें और मेरी भार्या (पत्नी) की रक्षा भैरवी देवी करें।

पन्थानं सुपथा रक्षेन्मार्गं क्षेमकरी तथा।।
राजद्वारे महालक्ष्मीर्विजया सर्वतः स्थिता ।। 41।

मेरे पंथ (पथ) की रक्षा सुपथा देवी करें। मार्ग की रक्षा क्षेमकरी देवी करें। राजद्वार पर महालक्ष्मी देवी स्थित होकर रक्षा करें और सर्वत्र विजया देवी मेरी रक्षा करें।

रक्षाहीनं तु यत्स्थानं वर्जितं कवचेन तु ।
तत्सर्वं रक्ष मे देवि जयन्ती पापनाशिनी ।।42 ।।

हे देवी! जो स्थान इस कवच से वंचित रह गया हो और जहाँ मेरी रक्षा न हो पाई हो, हे जयन्ती, पापों का नाश करने वाली देवी! उस समस्त स्थान की आप स्वयं रक्षा करें।

पदमेकं न गच्छेत्तु यदीच्छेच्छुभमात्मनः ।।
कवचेनावृतो नित्यं यत्र यत्रैव गच्छति।। 43 ।।

यदि कोई व्यक्ति अपने आत्मकल्याण की इच्छा रखता है, तो उसे इस कवच के बिना एक कदम भी नहीं चलना चाहिए।

तत्र तत्रार्थलाभश्र्च विजयः सार्वकामिकः ।
यं यं चिन्तयते कामं तं तं प्राप्नोति निश्र्चितम्।।44।

जो मनुष्य नित्य इस देवी कवच से आच्छादित रहता है, वह जहाँ-जहाँ भी जाता है, वहाँ उसे सदैव मंगलमय फल प्राप्त होते हैं।

परमैश्वर्यमतुलं प्राप्स्यते भूतले पुमान् ।
निर्भयो जायते मर्त्यः संग्रामेष्वपराजितः ।।45।।

जो साधक देवी की कृपा प्राप्त करता है, वह इस संसार में महान वैभव पाता है, भय से मुक्त रहता है और जीवन के संघर्षों में कभी पराजित नहीं होता।

त्रैलोक्ये तु भवेत्पूज्यः कवचेनावृतः पुमान् ।
इदं तु देव्याः कवचं देवानामपि दुर्लभम् ॥ 46 ॥

देवी-कवच धारण करने वाला साधक तीनों लोकों में सम्मान पाता है, और यह दिव्य कवच स्वयं देवताओं के लिए भी सहज उपलब्ध नहीं है।

यः पठेत्प्रयतो नित्यं त्रिसन्ध्यं श्रद्धयान्वितः ।
दैवीकला भवेत्तस्य त्रैलोक्येष्वपराजितः । 47 ॥

जो साधक नित्य नियमपूर्वक और श्रद्धा के साथ इस स्तोत्र का तीन बार (सुबह, दोपहर, शाम) पाठ करता है,

वह दैवी तेज से युक्त हो जाता है और कहीं भी पराजित नहीं होता।

जीवेद्वर्षशतं साग्रमपमृत्युविवर्जितः ।
नश्यन्ति व्याधयः सर्वे लूताविस्फोटकादयः ॥ 48 ॥

इसका श्रद्धापूर्वक पाठ करने वाला साधक दीर्घायु प्राप्त करता है, अकाल मृत्यु से बचा रहता है, और विविध रोग उससे दूर हो जाते हैं।

स्थावरं जङ्गमं चैव कृत्रिमं चैव यद्विषम् ।
अभिचाराणि सर्वाणि मन्त्रयन्त्राणि भूतले ॥ 49 ॥

चाहे किसी भी प्रकार का विष हो – प्राकृतिक, प्राणियों से उत्पन्न या कृत्रिम – और चाहे किसी भी प्रकार के तांत्रिक प्रयोग, मंत्र या यंत्र हों, वे सभी (देवी की कृपा से) निष्फल हो जाते हैं।

भूचराः खेचराश्चैव जुलजाश्चोपदेशिकाः ।
सहजा कुलजा माला डाकिनी शाकिनी तथा॥ 50 ॥

पृथ्वी, आकाश और जल में विचरण करने वाली तथा विभिन्न प्रकार की सूक्ष्म या तांत्रिक शक्तियाँ – जैसे डाकिनी, शाकिनी आदि – सभी देवी की कृपा से साधक को हानि नहीं पहुँचातीं।

अन्तरिक्षचरा घोरा डाकिन्यश्च महाबलाः ।
ग्रहभूतपिशाचाश्च यक्षगन्धर्वराक्षसाः ॥ 51 ॥

जो भयानक अन्तरिक्ष में विचरण करने वाली तथा अत्यन्त बलशाली डाकिनियाँ हैं, और ग्रह, भूत, पिशाच, यक्ष, गन्धर्व तथा राक्षस –

ब्रह्मराक्षसवेतालाः कूष्माण्डा भैरवादयः ।
नश्यन्ति दर्शनात्तस्य कवचे हृदि संस्थिते ॥ 52 ॥

ब्रह्मराक्षस, वेताल, कूष्माण्ड और भैरव आदि (भयानक शक्तियाँ) – उस व्यक्ति के दर्शन मात्र से नष्ट हो जाते हैं, जिसके हृदय में यह देवी-कवच स्थित होता है।

मानोन्नतिर्भवेद्राज्ञस्तेजोवृद्धिकरं परम् ।
यशसा वर्धते सोऽपि कीर्तिमण्डितभूतले ॥ 53 ॥

जिस मनुष्य के हृदय में यह कवच स्थित रहता है, उसके दर्शन मात्र से ही ये सभी बाधाएँ नष्ट हो जाती हैं। राजाओं के लिए यह मान और प्रतिष्ठा में वृद्धि करने और तेज (पराक्रम) को बढ़ाने वाला परम साधन है।

जपेत्सप्तशतीं चण्डीं कृत्वा तु कवचं पुरा ।
यावद्भूमण्डलं धत्ते सशैलवनकाननम् ॥ 54 ॥

जो साधक पहले कवच का पाठ करके चण्डी की सप्तशती का जप करता है, उसका (जप का) फल तब तक स्थिर रहता है, जब तक यह पृथ्वी पर्वतों, वनों और काननों सहित स्थित है।

तावत्तिष्ठति मेदिन्यां सन्ततिः पुत्रपौत्रिकी ।
देहान्ते परमं स्थानं यत्सुरैरपि दुर्लभम् ॥ 55 ॥

उस साधक की पुत्र–पौत्रादि संतति इस पृथ्वी पर स्थिर और समृद्ध बनी रहती है। और देहांत के पश्चात वह उस परम पद को प्राप्त करता है, जो देवताओं के लिए भी दुर्लभ है।

प्राप्नोति पुरुषो नित्यं महामायाप्रसादतः ।
लभते परमं रूपं शिवेन सह मोदते ॥ 56 ॥

महामाया की कृपा से साधक नित्य ही उत्तम फल को प्राप्त करता है। वह परम दिव्य स्वरूप को प्राप्त करता है और अंततः शिव के साथ आनन्दपूर्वक स्थित होकर परम आनंद का अनुभव करता है।

॥ इति वाराहपुराणे हरिहरब्रह्म विरचितं देव्याः कवचं सम्पूर्णम् ॥

9 789357 796071

Printed at Repro India Ltd.